AF602315

SOUVENIRS DE VOYAGES

Dr A. MONY

ASCENSION AU PIC DE NÉTHOU

(MALADETTA)

21 Aout 1859.

ASCENSION

AU PIC DE NÉTHOU

(MALADETTA)

21 Aout 1859

PAR

LE Dr A. MONY.

PARIS
TYPOGRAPHIE HENNUYER
RUE DU BOULEVARD, 7.

1861

A MON AMI

LE Dr PIERRE-PAUL DEHÉRAIN.

ASCENSION AU PIC DE NÉTHOU

(MALADETTA).

I

La Maladetta est le mont Blanc des Pyrénées. Comme le roi des Alpes, comme toutes les grandeurs qui se respectent, la reine des montagnes espagnoles s'éloigne de la foule des hauteurs secondaires et se dresse à l'écart dans une solitaire majesté.

Le groupe des monts Maudits, dont la Maladette[1] est le sommet principal, forme une

[1] On donne le nom de Maladetta à l'ensemble des monts Maudits; on réserve celui de Maladette à la montagne au double sommet que couronne le pic de Néthou.

demi-lune, dont la convexité regarde l'Espagne et s'avance vers le midi, de manière à dominer à la fois la Catalogne et l'Aragon. Il se compose, de l'est à l'ouest, des pics de Poméro, de Pouys (Forcanade), de las Moulieras, de Salenques, du Néthou, du double sommet de la Maladette, du pic d'Albe et de la Pique Blanche. Reliés, à l'est, aux montagnes du sud par le port de Viella, les monts Maudits s'élèvent insensiblement du goueil de Jouéou au pic de Salenques, atteignent leur point culminant au sommet du Néthou, remontent avec les glaciers de la Maladette, s'abaissent brusquement avec le pic d'Albe et se précipitent tout à coup, par les pentes rapides de la Pique Blanche, au fond du val de l'Esséra.

Cette gorge, profonde et désolée, court du nord à l'ouest et de l'ouest au sud, embrasse les deux tiers du pied des monts Maudits et les sépare de la chaîne espagnole qui, s'arrêtant brusquement, jette en face de la Maladetta les pics de Sacrous et de la Glère, les pointes de Sauvegarde et de la Mine; puis, se contournant au pas de l'Escalette, lance vers le nord cette chaîne secondaire qui se termine à Baccanera.

La vallée de la Glère au nord, la vallée de l'Esséra au midi, voilà les deux estuaires qui, s'ouvrant sur les plaines de la Gascogne et de l'Aragon, forment le port immense où la France et l'Espagne se donneront la main, quand un rail, jeté sur les rochers de Vénasque, aura franchi la seule barrière qui sépare encore les deux nations.

Le baromètre et les mesures trigonométriques assignent à l'extrême sommet de la Maladetta une hauteur de 3,404 mètres au-dessus du niveau de la mer. Les flancs de la montagne se partagent en deux grands versants : le méridional ou espagnol, coupé à pic, hérissé de pointes, sauvage, désolé, terrible, est sillonné par deux arêtes principales, qui descendent, l'une de la Maladette et l'autre du Néthou ; il verse à la Catalogne et à l'Aragon les eaux rares de quelques torrents. Le versant septentrional, qui regarde la France par-dessus les rochers de la Glère, se compose, en dernière analyse, de deux immenses glaciers, celui de la Maladette et celui du Néthou, séparés par la crête du Petit Portillon, arête vive qui, partant de la cime de la Maladette, descend rapidement, se relève à la pointe Malahita, retombe et se perd en se bifurquant à l'extrémité du val de l'Esséra, c'est-à-dire au trou de Toro. Ce trou est un gouffre où les eaux du Néthou disparaissent brusquement, pour parcourir 4 kilomètres sous les mystérieuses profondeurs de la montagne et reparaître dans la vallée de la Garonne, au goueil de Jouéou. De même, les eaux de la Maladette, précipitées à la Rencluse dans le gouffre de Tourinon, vont ressortir au pied de l'hospice de Vénasque et se mêler aux eaux de l'Esséra.

L'histoire des tentatives faites pour gravir le double sommet de la Maladette et le pic de Néthou n'est ni très-longue, ni très-ancienne.

Plusieurs savants, et entre autres MM. Charpentier et Cordier, ne purent achever l'ascension de la Maladetta.

Le 11 août 1824, deux ingénieurs de l'Ecole des mines, conduits par le guide Barrau, quittèrent à cinq heures du matin le plan des étangs où ils avaient couché ; arrivés à la moraine du glacier à huit heures, aux deux tiers de la hauteur, ils sont arrêtés par une crevasse ; Barrau sonde, croit reconnaître la direction de la crevasse, et, sans prendre la précaution de s'attacher par une corde à ses compagnons, il s'élance... — La neige cède sous ses pieds, il enfonce et disparaît sans qu'il soit possible de le sauver. Désespérés, seuls sur ces pentes inconnues, les deux jeunes gens coururent mille dangers avant de regagner la Rencluse.

Cette tentative malheureuse arrêta les plus hardis jusqu'en 1842. A cette époque, le 18 juillet, un Français, M. de Franqueville, et un officier russe, M. de Tchihatcheff, partirent sous la conduite de quatre guides : Pierre Sanio, de Luz; Jean Argaro, Pierre Redonnet et Bernard Ursule, de Bagnères-de-Luchon. Comme Barrau, ils attaquèrent la montagne par le côté septentrional; mais, au-dessus de la Rencluse, ils inclinèrent à l'ouest, passèrent au pied du pic d'Albe, au-dessus du lac, puis le long du lac de Grégorio jusqu'au port de Malibierne; c'est là que, sortis de la région des neiges, ils passèrent leur deuxième nuit. Après avoir franchi le plateau du lac Coroné, ils atteignirent le glacier, qu'ils franchirent en deux heures à l'aide de crampons; mais une échancrure de la crête de la Maladette les arrête, comme elle avait arrêté MM. Charpentier et Cordier; un nuage épais les environne, des rafales terribles les obligent à se cramponer aux pointes du roc… — Enfin ils atteignent le côté méridional de l'arête et la base même du pic de Néthou; là, embarrassés, ils délibèrent. Les guides essayent de gravir le rocher et redescendent, désespérant de parvenir par cette voie; ils se décident alors à s'engager sur le glacier, après s'être attachés les uns aux autres par des cordes; au bout du glacier, une dernière aiguille se dresse devant eux; ils la gravissent rapidement, mais ils s'arrêtent stupéfaits devant le chemin qui leur reste à parcourir: c'est le *Pont de Mahomet;* ils avouent qu'ils hésitèrent, mais ils étaient trop près du but pour reculer; ils attaquent l'arête et ils sont bientôt sur l'extrême sommet du pic.

Ils avaient réussi. Mais on voit, et si l'on lisait le récit original, on verrait encore mieux au prix de quelles fatigues et de quels dangers ils avaient, suivant l'énergique expression des montagnards, violé la cime vierge du Néthou.

Bientôt ils se demandèrent s'ils n'avaient pas fait fausse route en décrivant une longue spirale autour de la montagne. Le chemin direct, par le versant septentrional, avait causé la mort du premier qui l'avait tenté, mais ce fait ne tranchait pas la question; Barrau avait été victime d'une imprudence, et si sa mort indiquait un danger dans un point du chemin, elle ne prouvait pas que ce chemin fût d'ailleurs impraticable; on le choisit donc pour la seconde ascension. MM. de Franqueville et de Tchihatcheff, réunis à M. Auguste

Laurent, professeur de chimie à Bordeaux, tentèrent d'escalader le glacier par cette voie; ils réussirent au delà de leurs prévisions, et ce succès, rapidement connu, fixa désormais la route que devaient choisir leurs imitateurs.

II

Quand on veut faire l'ascension du pic de Néthou, le premier soin et le plus important est de choisir de bons guides. Sur les cinquante-deux guides officiels que Luchon possède, cinq ou six tout au plus connaissent les hauts sommets. La prudence exigerait deux guides par personne ; cependant aujourd'hui chaque touriste n'en prend qu'un. On n'a pas eu jusqu'ici d'accident sérieux à déplorer ; mais je ne conseillerais cette conduite à personne.

Décidé à monter au pic, je communiquai mon projet à Abadie, un grand diable aux trois quarts Espagnol, qui m'avait déjà conduit au pas de l'Escalette, et qui parut très-disposé à m'accompagner sur le Néthou. Mais nous attendions en vain la formation d'une de ces bandes de touristes qui se réunissent de temps en temps pour faire l'ascension. C'est alors que, par un de ces heureux hasards si fréquents aux eaux, je retrouvai à Luchon MM. Lange et Victor Vincent, qui, résolus à l'entreprise, cherchaient comme moi des compagnons de fortune; en attendant, ils avaient choisi leurs guides ; c'étaient Argaro, le fils de celui qui accompagna M. de Franqueville ; et Barrau, un neveu de celui qui succomba en 1824; tous deux intelligents, vigoureux et éprouvés.

Notre rencontre décida le voyage ; on fixa le départ au surlendemain.

Nous avions les hommes; il nous restait à rassembler le matériel, qui se compose de cordes, ordinairement fournies par les guides; de forts souliers à clous saillants ; de guêtres montant au genou; d'une large ceinture espagnole en laine, que l'on serre autour des reins; d'une bonne vareuse en molleton, pouvant se mettre sur la redingote; d'une paire de lunettes bleues contre les ophthalmies; d'un voile contre les coups de soleil, si fréquents sur la neige; enfin, d'un chapeau de feutre ou de paille, fixé sous le menton. Aucun de ces détails n'est puéril; ils sont le résultat de l'expérience, et c'est en les observant que l'on conservera partout et toujours la liberté d'esprit et de mouvement. On doit passer une nuit en plein air sur la montagne; il faut donc emporter une couverture ou un bon manteau, des vivres pour soi et pour le guide, du vin et une gourde de rhum, qui sera d'un grand secours contre la fatigue et le froid.

A ces choses indispensables, chaque touriste joindra les objets qui lui seront particulièrement nécessaires ou agréables : une lorgnette, un album, des instruments d'observations météorologiques, physiques, géodésiques, etc., etc.

Enfin, et pour ne rien omettre, il y a encore deux précautions d'un tout autre ordre à prendre : il faut s'aguerrir contre le vertige, qui est une faiblesse physique, et se garder de la superstition, qui est une faiblesse morale.

On se défait de la première après quelques courses dans la montagne; quant à la seconde, qu'on ne nous accuse pas d'exagération en la signalant comme un obstacle; si nous avions été superstitieux, nous ne serions pas partis : la veille, un Anglais, un ministre protestant[1], était monté sur le pic de Sauvegarde avec un

[1] M. Charles Harwich, archidiacre de Cambridge, âgé de trente-deux ans. La veille de sa mort, seul, à pied, sans guides, chaussé de minces souliers vernis, il avait visité les lacs, fait l'ascension de Cabrioules, descendu le glacier et parcouru la vallée du Lys; il n'était rentré à Luchon qu'à onze heures du soir.

autre Anglais dont il avait fait la connaissance deux jours avant à Luchon; arrivés au sommet, ils avaient renvoyé leurs guides, malgré les observations de ceux-ci. Restés seuls, les deux Anglais commencèrent à redescendre la montagne; l'ami du ministre suivait le bon chemin, mais le ministre, croyant découvrir une voie plus directe, s'aventura sur les pentes presqu'à pic du versant méridional. Vainement son ami le rappelait; soit qu'il lui fût impossible déjà de remonter, soit qu'il ne comprît pas l'imminence du péril, il continue et par quelle route!... Je l'ai vue depuis, c'est effroyable, et l'on ne conçoit pas qu'une créature douée de raison ait osé s'y aventurer. Cependant le malheureux descendait toujours. Bientôt une petite pierre roule sous son pied, détruit le faible équilibre qui le maintenait encore et le précipite dans une de ces gouttières lisses, que forme la rencontre de deux plans de roc et que les montagnards appelent des *cheminées*. Il ne s'arrêta que sur d'horribles arêtes qui le frappèrent, les unes après les autres, comme autant de bourreaux. Peut-être ne mourut-il pas sur le coup, peut-être eut-il une longue nuit d'agonie, car il n'avait pour blessures graves qu'un bras cassé et deux plaies peu profondes derrière la tête. Mais on le chercha vainement jusqu'à la nuit; son ami, désespéré, ne rentra que fort tard à Luchon.

Le lendemain, dès l'aube, il repartit accompagné de guides, de chasseurs et d'un grand nombre de montagnards et de jeunes gens. On cerna la montagne; après de longues recherches on aperçut le corps, mais, pour l'atteindre, il fallut des prodiges d'audace et d'habileté : « Je n'avais jamais passé dans des endroits pareils, » disait devant nous un vieux chasseur d'isards.

C'était le matin même où l'on cherchait le corps, le samedi 20 août, que nous partions pour la Rencluse. A Luchon, tout le monde était consterné ; on ne faisait pas encore la part de l'imprudence ; il y avait mort d'homme, et ce cadavre, perdu dans les crevasses de Sauvegarde, jetait sur toutes les montagnes un voile d'épouvante et de deuil.

Cependant nous partions pour la cime maudite, et si tous n'osaient pas nous en blâmer ouvertement, chacun nous en détournait par l'expression du visage, la tristesse du regard, les réticences de la parole et ces mille riens qui veulent dire : Ne partez pas.

MM. Lange et Vincent partirent à huit heures; je devais partir à onze heures et les retrouver à la Rencluse.

A onze heures, mon guide n'était pas arrivé. J'envoyai à sa recherche ; il arriva tranquillement à cheval vers midi. Soit qu'il n'eût pas compris mes intentions, soit (comme je l'ai su plus tard) qu'il ne se souciât guère de faire l'ascension, il parut très-étonné de ma résolution de partir, prétexta d'autres engagements et finit par me conseiller de remettre mon voyage à un autre jour. Il se faisait tard, je perdais patience et, voyant à quel homme j'avais affaire, je lui déclarai que je n'attendrais pas une minute de plus, et que, suivant nos conventions, il eût à m'accompagner lui-même ou à me procurer un autre guide sur-le-champ.

Je lui devais quelque argent; il craignit sans doute de perdre son pourboire et, repartant au galop, il me ramena trois quarts d'heure après deux chevaux et Bajun, un guide que je ne connaissais nullement, mais qui, Dieu merci, valait beaucoup mieux que il signor Abadie, son garant.

Quelques instants après, nous galopions

sur le chemin de l'hospice de Luchon [1] ; route délicieuse qui, s'enroulant autour des montagnes comme un long serpent blanc, permet au touriste épicurien d'atteindre la frontière

[1] Dans les Pyrénées, un hospice n'est pas un hôpital, mais une sorte d'hôtellerie ou de maison de secours ouverte au pied des passages difficiles, que l'hiver rend toujours dangereux. L'hospice de Luchon et l'hospice de Vénasque veillent sur les deux issues d'un des ports les plus fréquentés de la chaîne centrale, le port de Vénasque. Autrefois, dit-on, ces maisons n'avaient pas d'hôtelier ; approvisionnées par la ville voisine, elles étaient livrées à la bonne foi publique ; leur porte, fermée d'un simple loquet, s'ouvrait à tous venants. Le chasseur ou le zingaro, les muletiers, les touristes, et même les contrebandiers, surpris par la neige, la fatigue ou la faim, s'arrêtaient sous leur toit, réparaient leurs forces et partaient, laissant sur la table rustique le prix de l'hospitalité.

Chaque mois la ville renouvelait les approvisionnements et touchait son petit revenu. La conscience publique, au dire de la légende, ne s'oublia jamais ; mais c'était le bon vieux temps. Aujourd'hui les hospices ont des serrures et des fermiers.

d'Espagne, et de contempler, sans fatigue, une armée d'admirables montagnes en courant, dans une voiture de poste, sur des pentes habilement ménagées.

Nous côtoyons la rive de la Pique, et déjà le chemin s'élève assez rapidement. Superbagnères, avec sa ceinture de hêtres et sa couronne de sapins, s'enfuit derrière nous. Voici, dans le fond de la vallée, sur notre droite, le sentier qui conduit à la cascade des Demoiselles; voici le torrent qui descend de Couradille. La vallée se creuse sous nos pieds; dans les brusques tournants de la route, le regard glisse presque perpendiculairement jusqu'au lit de rochers où la Pique roule dans des flots d'écume ses eaux d'un bleu foncé.

Le panorama devient magique; tournez la tête : les croupes énormes des montagnes, disposées comme des décors de théâtre, encadrent un spectacle ravissant et constamment varié.

Absorbé dans cette contemplation, vous oubliez que votre cheval, en vous entraînant, déplace sans cesse le point de vue; vous croyez que les masses imposantes qui vous entourent ont le mouvement et la vie, et quand leurs plans divers, les uns couverts de noirs sapins ou d'herbes dorées, les autres perdus dans les brumes du lointain, se mêlent, s'entre-croisent, se cachent ou se découvrent brusquement, formant avec leurs accidents de forme, de végétation, d'ombre ou de lumière, mille combinaisons délicieuses, mille tableaux inattendus, vous vous demandez si vous contemplez l'œuvre de la nature ou les machinations d'un gigantesque diorama, construit et dirigé par quelque titan très-ingénieux.

Mais, si nous regardons devant nous, nous sommes rappelés au sentiment de la réalité par une immense pyramide de feuillage, immobile devant nous; c'est Campsaure, un bouquet de 1,733 mètres, composé de hêtres de la plus belle venue. Cependant le chemin, découvert jusqu'alors, s'est ombragé tout à coup ; nous avons une forêt sur la tête et une forêt sous les pieds. A gauche, l'œil glisse sous les hêtres et se perd dans de sombres profondeurs qui font rêver aux arbres enchantés de la *Jérusalem ;* à droite, le feuillage moins épais laisse tomber les rayons tamisés du soleil sur des pentes remplies de fougères et de fleurs de fraisiers sauvages, et permet d'apercevoir, sur le versant opposé de la vallée, de sombres forêts que les sapins, renversés par la hache et poussés par le pied du bûcheron, sillonnent de lignes blanchâtres en roulant, comme un tonnerre, jusqu'au torrent qui doit les emporter.

Nous avons laissé, sur notre droite, le charmant val de la Glère, qui verra quelque jour courir, sur ses pentes, le trait-d'union de fer,

2

le railway, qui, mieux que Philippe V, réalisera le mot célèbre : Il n'y a plus de Pyrénées.

Comme au temps de Charlemagne et comme au temps de Louis XIV, le passage politique est au centre de la chaîne. Les chemins de fer qui ont un intérêt commercial sont ceux des côtes.

Si le commerce doit précéder la politique, les tracés du littoral doivent primer les autres. Mais, tôt ou tard, la nécessité de communications directes et rapides réclamera le tracé du col.

La vallée de la Glère est, ainsi que nous l'avons dit plus haut, le passage indiqué par la nature. Les ingénieurs l'ont bien compris, et tous ont porté leurs études sur ce point [1]. Aujourd'hui, plusieurs projets existent, mais

[1] Voir le tracé de MM. Barrande et Lézat.

tous s'arrêtent devant les rochers de Vénasque : un tunnel franchirait l'obstacle, mais ce tunnel aurait 6,660 mètres de longueur, coûterait 1,300,000 francs et demanderait huit années de travaux. De nos jours, l'industrie ne recule ni devant les difficultés matérielles, ni devant la dépense, mais devant le temps. Un projet à huit ans d'échéance ne lui semble pas un projet pratique ; elle en cherche un autre et le trouve ; au lieu de traverser l'obstacle, elle propose de le surmonter. Si les idées nouvelles, sur les chemins des hauteurs [1], sont applicables aux Alpes, combien ne le sont-elles pas aux Pyrénées ? Qu'est-ce que le port de Vénasque pour les machines qui franchiront le Simplon ?

Pendant ces réflexions, nos chevaux ont fait du chemin. Depuis longtemps déjà nous

[1] M. Eugène Flachat, *De la traversée des Alpes par un chemin de fer.*

voyons se dresser devant nous, comme un phare, le sommet triangulaire de la Pique, sorte de sentinelle avancée qui, debout, à l'angle des deux allées de la Pique et de la Frèche, semble dire au voyageur : « Ici finit le monde des prés verdoyants, des rochers boisés, des moutons placides et des sentiers battus ; là-bas commence le royaume des montagnes arides, des neiges éternelles, des vautours affamés et des chemins perdus; voyageur prudent, ne va pas plus loin. »

Voilà ce que dit le rocher; mais, comme Cassandre, il n'arrête personne.

A ce moment, nous croisâmes deux voyageurs à cheval comme nous. Bajun arrêta son cheval et dit quelques mots en patois à l'un d'eux, qui était un guide; pendant ce temps, je regardais l'autre et je devinais aussitôt que c'était un Anglais, que cet Anglais était l'ami de celui qui s'était tué la veille à Sauvegarde; sur son visage, bistré par la fatigue, mais impassible, une seule chose vivait : les yeux; je n'oublierai jamais l'expression de douleur profonde et de colère impuissante que contenait le regard; et, lorsque son cheval croisa le mien, je crois entendre encore l'accent avec lequel il me dit ces deux mots : « Oui, mort! »

On venait de trouver le cadavre; et, pendant qu'on l'apportait à l'hospice, l'Anglais courait à Luchon chercher une voiture, afin d'y rapporter le corps de son malheureux ami.

Quelques instants après, nous arrivions à l'hospice, où nous trouvions une vingtaine de personnes, voyageurs, guides, servantes et chasseurs, qui, groupés devant la porte et la main sur les yeux, pour se garantir du soleil, regardaient, vers le milieu du port de Vénasque, quelques points noirs descendant lentement les détours du sentier; c'étaient les montagnards qui portaient le corps. Une longue demi-heure s'écoula: chacun était triste; on parlait peu. De temps en temps quelqu'un disait : « Les voyez-vous? — Non. — Si fait; ils sortent de l'ombre; regardez. — On ne les voit plus. — Ils sont sur le plateau, on les reverra tout à l'heure. — Ah! les voici!... » Ils arrivaient. Quelques femmes se mirent à pleurer et se cachèrent pour ne pas voir; les hommes ôtèrent leur chapeau, et le cortége passa devant nous. J'ai déjà vu bien des misères, beaucoup de mourants et beaucoup de morts, mais jamais spectacle douloureux ne m'a plus ému que celui-là : ils étaient huit porteurs; les quatre premiers marchaient en avant, prêts à soulager les autres de leur fardeau; les quatre autres, courbés, et ruisselants de sueur, soutenaient sur leurs épaules deux bâtons, qui ployaient à chaque pas sous le poids d'une chose informe enveloppée de grossiers lambeaux. Cette chose, c'était un homme, ou plutôt ce je ne sais quoi qui n'a plus de nom, suivant la lugubre expression de Bossuet.

Les porteurs déposèrent le corps sous un petit appentis qui se trouve derrière l'hospice, puis ils revinrent devant la porte et commencèrent tous ensemble à raconter les détails de l'aventure, tantôt en patois, tantôt en français, suivant l'auditeur ; à chaque nouvel arrivant, on recommençait.

Cependant la journée s'avançait ; j'avais entendu quatre fois au moins le récit d'un vieux chasseur qui avait vu les choses de près ; j'étais donc suffisamment instruit, et, voulant arriver à la Rencluse avant la nuit, je fis signe à mon guide d'amener les chevaux. Quelques instants après, nous franchissons le gave de la Pique, et nous gravissons les rapides et innombrables sentiers qui forment le chemin du port.

Il est bien étrange et bien imposant, le chemin du port de Vénasque!

Quelques indications géodésiques aideront peut-être l'esprit à en saisir la description.

En face de l'hospice de Luchon (1,360 mètres), une gorge profonde s'ouvre et monte rapidement entre deux immenses murailles de rochers. La muraille de gauche, de la pointe de la Pique (2,393 mètres) au pic de la Mine (2,767 mètres), n'est autre chose que l'admirable crête, visible de Luchon, qui délimite le val d'Aran. La muraille de droite, moins régulière, élève au-dessus de forêts de sapins le tuc de la Houette et le pic de Sauvegarde (2,786 mètres).

A la hauteur de 2,417 mètres, entre les pics de la Mine et de Sauvegarde, la gorge atteint l'échancrure appelée le *port de Vénasque*, véritable porte ouverte entre la Gascogne et l'Aragon.

Maintenant, sur les pas de la géographie, que l'imagination coure le long de ces murailles, qu'elle les échancre, qu'elle les bossèle, qu'elle les crevasse de mille manières; qu'elle attache à leurs flancs des rochers en surplomb, traînant dans l'espace leur chevelure de ronces et leurs panaches d'arbres décharnés; qu'elle les revête de mousse et de lichens; qu'elle fasse bondir sur leurs pentes l'écume de quelques torrents; qu'elle jette çà et là, dans les angles, quelques amas de neige oubliés du soleil; qu'elle suppose enfin qu'il est quatre heures du soir, que cette gorge sauvage n'est éclairée que par un jour blafard, filtrant avec peine au travers des nuées qui environnent déjà les pics supérieurs, et l'imagination, surtout lorsqu'elle aura fait comme nous trois ou quatre fois le voyage, se figurera parfaitement le chemin.

Au milieu de la montée, le sentier change

d aspect; jusqu'alors il court par de rapides lacets, tantôt sur les parois de gauche, tantôt sur les parois de droite de l'immense ravin; mais en approchant d'une pierre plate et dressée, dont le tranchant regarde l'hospice et que les montagnards appellent ***l'Homme***, la route se joue entre des rochers, entassés par les avalanches, et prend le nom de ***rail du Culet***.

C'est à ce moment qu'il faut jeter un dernier regard à l'hospice, qui s'enveloppe là-bas, sous nos pieds, des brouillards du soir. Avec ce petit point blanc, semblable à un œil ouvert au fond de la vallée, tout vestige de l'homme disparaît. Plus loin, c'est la solitude complète, terrible, avec son grand silence et son peuple muet de rochers, d'herbes rares et de rhododendrons sombres et rabougris. Tout se tait; le fouet du guide n'éveille plus ni les échos ni les vautours de la montagne; la chanson expire sur les lèvres, et les chevaux même ralentissent leur pas, comme saisis de respect devant l'imposante immobilité qui les entoure.

Je dois rapporter fidèlement mes impressions ; ici mon cœur se serra : l'ombre descendait rapidement ; le gouffre où nous cheminions revêtait des teintes sépulcrales ; sous nos pieds, le guide me montrait un abîme où neuf pauvres zingari, entraînés par l'avalanche, avaient roulé dans une nuit d'hiver ; la neige jeta sur eux son linceul ; on ne les retrouva qu'au printemps. Sur nos têtes se dressait, dans son manteau de nuages, le pic de Sauvegarde encore taché de sang !...

J'eus un instant de faiblesse, et si mon cheval eût compris ma pensée, il eût fait volte-face et fût redescendu vers le séjour des humains ; mais le pauvre animal, tout absorbé par la difficulté de trouver une place où poser le pied entre les pierres du ruisseau que nous traversions, suivait son chemin sans enthousiasme, mais sans réflexions. Je compris qu'il était dans le vrai ; la rêverie est une mauvaise conseillère sur le chemin de la Maladetta.

D'ailleurs, le chemin changeait de nouveau en se dégageant du rail et gravissait, par de rapides échelons, le court espace qui nous séparait du port. Derrière nous s'étageaient, comme un collier de saphir, quatre ou cinq lacs d'un bleu profond. Bientôt le sentier devient un véritable escalier dont les marches sont en partie creusées dans la montagne, en partie formées de pierres plates et disposées régulièrement comme les assises d'un mur. On touche au terme, la poitrine se dilate, les claquements du fouet animent le désert ; la voix du guide réveille les chevaux qui escaladent bravement le dernier pas, et nous sommes au port !... Nous sautons de cheval et nous voilà, debout entre deux abîmes, en face de la Maladetta !

Quel tableau ! La première fois que je l'aperçus, je chancelai comme saisi de vertige devant son écrasante grandeur.

D'un bout à l'autre de l'horizon, des versants de la Pique Blanche à la double crête de Forcanade, se dressent et s'imposent les monts Maudits. Monstrueux entassements de granit, de forêts et de glaciers ; les montagnes s'adossent aux montagnes, les rochers s'étagent sur les rochers, les pics s'entassent sur les pics, et, plus haut que les plus hautes cimes, plus haut que les nues, plus haut que son double sommet, la fière Maladetta profile sur l'inaltérable azur l'arête éblouissante du Néthou !...

Aveuglé par l'éclat des neiges éternelles, terrifié par l'immensité de ce spectacle inattendu, l'œil abandonne une grandeur qui le trouble ; il cherche plus près de lui des scènes moins grandioses, et, glissant sur les pentes de la Penna Blanca déroulées à nos pieds, il se repose sur les humides pâturages qui s'étendent au devant du port de la Picade; mais, au delà de ces marais, un abîme l'attire; il se précipite dans le val de l'Sséra, plonge dans ses profondeurs, en cherche vainement le fond, et, frappé du vertige de l'abîme comme tout à l'heure du vertige des sommets, il se ferme à demi, remonte lentement, se détourne de ces séductions terribles, et attend que la raison, en les dominant, lui ait rendu la force de les affronter.

Mais déjà les ombres s'allongent; il est cinq heures, et nous n'avons pas de temps à perdre si nous voulons arriver à la Rencluse avant la nuit. Tirant nos chevaux par la bride, nous descendons le versant méridional de la Penna Blanca. A notre droite se dressent les terribles roideurs de Sauvegarde; au milieu de ces pentes, deux petits glaciers forment deux taches blanches; c'est entre les deux taches qu'on a trouvé, dans une crevasse, le corps du malheureux Anglais.

Mais nous avons déjà franchi les pâturages et les marais, dont les surfaces horizontales reposent délicieusement des capricieux sentiers de la montagne. Le val de l'Esséra, rempli des brumes du soir, nous appelle dans ses profondeurs, et nous ne tardons pas à nous engager dans les longs, mais faciles méandres qui conduisent au plan des Étangs, c'est-à-dire au fond de la vallée. Déjà nous sommes en face de la Rencluse, et Bajun lance à pleine poitrine un appel sonore et prolongé; sa voix, franchissant le grand silence de la plaine, vole jusqu'à nos compagnons encore invisibles à nos yeux, et bientôt un cri faible, mais distinct, revient, comme un écho lointain, nous annoncer qu'ils nous ont entendus. L'homme n'est pas fait pour la solitude; cette voix d'hommes comme nous, perdus comme nous dans ce désert, nous fait tressaillir et nous rend le courage et la joie. Les derniers fantômes noirs s'envolent de notre cœur, et c'est d'un pied leste et dispos que nous traversons les marécages du fond de la vallée et que nous abordons le pied de la Maladetta.

Maladetta!... D'où vient ce nom terrible et quelle sinistre légende a marqué au front la reine des Pyrénées? Je l'ai cherché en vain. Mais pourquoi demander aux hommes ou aux livres ce que la nature nous dit clairement? Qu'est-ce qu'une légende, sinon l'expression matérielle et, pour ainsi dire, la mise en scène de l'impression produite par un fait ou par un lieu? Cette impression, vivement rendue par quelque poëte du passé, frappa les barbares qui l'écoutaient; dans la pensée ils virent un fait, dans les mots des êtres, dans l'invention la réalité; transmise de bouche en bouche, roulant de siècle en siècle et d'imagination en imagination, la légende, modifiée suivant le hasard des temps et le génie des peuples, devint un souvenir historique et presque un article de foi. Les savants ont déchiffré les hiéroglyphes du monde primitif, mais ils ne trouveront jamais l'origine d'une tradition populaire; et le diable, qui joue toujours le principal personnage dans ces contes mystérieux, serait tout au plus assez malin pour nous en dire le fin mot.

Mais la nature ici parle plus clairement que toutes les légendes.

C'est la désolation dans sa grandiose horreur; c'est le spectacle pétrifié de ce chaos où le monde trop jeune encore s'agitait, bouleversé jusque dans ses entrailles par des forces aveugles et sans frein; c'est le délire des éléments, enchaîné au plus fort de sa fureur;

c'est le rêve foudroyé de ces Titans des premiers jours, qui voulaient pousser jusqu'aux cieux les spirales de leurs Babels, et retombaient, écrasés sous leur orgueil, comme l'archange maudit. La Maladetta, la sombre montagne est le sépulcre où repose un de ces géants vaincus, et son nom est le redoutable ci-gît que gravèrent, sur son front, la foudre et la colère de Dieu.

Dès qu'on a franchi l'herbe noire, dure et serrée de ce val qui, du plan des Étangs jusqu'à l'hospice de Vénasque, forme, avec ses pâturages, ses eaux dormantes, ses fleurs rustiques et les rares cabanes de ses bergers, le dernier mot de la civilisation et de la vie, on entre dans le monde des ruines et de la mort.

Une première ligne de blocs énormes, tombés de la montagne, semble en défendre l'approche et en garder les secrets, comme les sphinx que l'Egypte asseyait sur les tombeaux.

Derrière ces sentinelles de granit s'étendent, comme un second rempart, les cadavres de sapins déracinés par l'avalanche ou brisés par la foudre.

Ces rochers ressemblent à des tombes, ces troncs blanchis ressemblent à des ossements; c'est bien là le cimetière de la nature, le champ de repos où d'antiques révolutions donnent leur dernier sommeil entre deux gardiennes éternelles, le Silence et l'Immobilité.

Mais déjà la mousse arrondit les angles et cache les plaies vives des rochers; les rhododendrons se penchent sur les arbres morts; quelques sapins debout çà et là étendent leurs bras noirs et semblent pleurer sur d'anciens amis; d'autres, s'étageant à l'horizon, mêlent leur ombre aux vapeurs mélancoliques du soir et adoucissent l'horreur du tableau; la désolation voile son horrible nudité; la nature a repris quelques droits.

Sur la surface à peine refroidie du globe, les siècles ont jeté leur neige et leur paix; pauvres fourmis humaines, nous pouvons gravir ces débris sans les craindre; et si leur immobilité nous inspire un religieux respect, c'est que dans ce silence on croit entendre encore une grande voix disant à la tempête des montagnes : « C'est assez! » comme elle a dit aux fureurs de l'Océan : « Vous n'irez pas plus loin. »

A mesure qu'on s'élève, la végétation reparaît.

L'avalanche, qui couvre la vallée de ses débris, ne fait que glisser sur ces pentes rapides; et, chaque année, l'herbe et les fleurs, nourries par les eaux salines des torrents, recouvrent les traces de son passage.

Bientôt l'inclinaison du sentier s'adoucit et

l'on peut, à deux cents mètres environ du fond du val, remonter en selle et atteindre à cheval le plan des Aigualutz où se trouve située la Renclluse. A six heures et demie nous apercevions les lueurs du feu allumé par les guides et, quelques instants après, nous franchissions le torrent et nous arrivions au lieu du rendez-vous.

III

Au-dessous du glacier qui couronne la Maladette, au-dessous de sa ceinture de neige, une gorge immense, creusée par les avalanches et les torrents, ouvre à vif les flancs de la montagne ; appuyée à gauche sur les crêtes du Portillon, à droite sur les versants du Paderne, elle descend par degrés rapides, précipitant les cascades de l'Esséra sur les rochers polis du gouffre où les eaux disparaissent en bouillonnant.

Autour du gouffre, le roc, dressé à pic, forme un espace circulaire; ce cirque de granit, c'est la Rencluse.

Au niveau du plan des Aigualutz (2,083 mètres) on traverse l'Esséra ; on suit sa rive, on pénètre dans le cirque par l'échancrure qui sert de passage au torrent, et l'on comprend alors le nom bizarre et pittoresque donné par les voyageurs à cette hôtellerie de la montagne.

La nature a tout prévu ; à l'entrée du cirque, un plan de pâturages fournit aux chevaux la litière et le râtelier ; l'avoine, apportée par le cheval de transport et répandue devant eux, se mêle au thym et aux fleurs sauvages. Les eaux pures de l'Esséra désaltèrent les bêtes et les gens. Au fond du cirque la roche, haute de vingt pieds, s'avance en surplomb, offrant aux hommes un large abri ; des sapins, pendant au front du rocher, protégent contre l'humidité de la nuit, et, au pied du roc, un amas de débris informes, couverts de gigantesques orties, garantit des vapeurs du torrent.

Du haut des parois du cirque, les guides ont précipité quelques sapins morts qui, gonflés de résine, s'enflamment en pétillant, lancent des bouquets d'étincelles et balancent au vent du soir des tourbillons d'âcre fumée.

De fines branches de pins, étendues auprès du feu, nous serviront tout à l'heure de lit, et, près de cette couche rustique, MM. Lange et Vincent, installés sur quelques quartiers de roc devant la volaille classique et les bouteilles de grand ordinaire, dînent aussi paisiblement au fond de ces gorges désolées que dans un salon du café Riche à cinquante mètres de l'Opéra.

Cependant le pli d'une feuille de rose tourmentait un de ces sibarites. La fatigue du voyage, l'air rude de ces hauteurs ou peut-être le méchant génie de la montagne, *quærens quem devoret*, avait choisi M. Lange pour victime et faisait courir dans ses veines les frissons précurseurs de la fièvre. Il regardait d'un œil morne le festin à peine commencé; l'appétit manquait, mauvais symptôme; les mains étaient brûlantes : « Votre pouls, lui dis-je, est le pouls d'un homme qui ne se porte point bien. » A cette sentence il me céda sa place et alla s'étendre bien à contre-cœur sur les branches de sapin, tandis que, le soignant de notre mieux, nous étendions sur lui nos manteaux et buvions scrupuleusement à sa santé le bordeaux de l'hôtel Bonne-Maison.

Cependant il n'est rien, même l'appétit d'un voyageur, dont le temps ne fasse raison ; à huit heures, nous demandions le café.— Le café ? — Oui, vraiment ; le café froid tombant d'une bouteille dans une timbale d'étain rincée au torrent, le café servi sur une pierre, par un guide, à 2,120 mètres au-dessus du boulevard des Italiens, n'est pas seulement une chose originale, mais un plaisir que Voltaire lui-même, le dilettante du café, ne soupçonna jamais en savourant le moka préparé par les blanches mains de madame Denis sous les ombrages de Ferney.

Avec le café la nuit était venue, nuit sombre, chargée de vapeurs, laissant à peine entrevoir quelques bandes du ciel entre des nues épaisses et déchirées par le vent.

Les guides étaient assis sur le tronc des sapins dont les racines alimentaient le feu. De temps en temps les hommes se reculaient sur leur siége pour faire la part du feu ; c'est ainsi que l'on brûle son mobilier pour se chauffer dans la montagne. Nous allâmes les rejoindre ; ils nous tendirent un brandon enflammé pour allumer nos cigares, et, quittant le patois montagnard, qui pour nous était lettre close, ils calmèrent en français nos inquiétudes sur le temps. La lune en se levant devait dissiper les nuages, et nous aurions un temps superbe pour le départ.

Rassurés, nous causâmes ; et c'est en ce

moment surtout que nous apparut tout le pittoresque de la situation.

L'horreur du lieu, son isolement si profond que le brasier qui nous brûlait le visage n'était visible, du fond de son âtre de rochers, que pour les papillons de nuit et les vautours; les chevaux en liberté dormant sur l'herbe; les hommes, le corps enveloppé de manteaux, la tête entourée de mouchoirs, assis ou couchés autour du feu; le costume, la pose originale des guides et leurs mâles figures reflétant l'éclat du foyer; plus loin, les restes du souper, les harnais, les bâtons ferrés, des cordes, des couvertures, une confusion d'objets disparates, un mélange singulier de luxe et de bohême, de dénûment et de superflu, tout enfin, pour un spectateur non prévenu, devait donner la façon d'un abominable repaire à notre campement improvisé.

Le dialogue, se conformant aux décors, roulait principalement sur les isards et sur les ours, seuls indigènes que nous eussions chance de rencontrer. Sur ces deux points les renseignements de nos guides m'obligent à détruire deux erreurs.

L'isard, sans être rare, habite des glaciers souvent inaccessibles; il est doué d'une vue et d'un odorat prodigieusement fins. Surpris quelquefois pourtant par l'incroyable patience du chasseur à l'affût, il échappe à la balle avec la rapidité de l'éclair, ou, s'il est frappé par elle, il roule au fond d'abîmes où les vautours seuls iront le chercher. Le marché de Luchon reçoit donc en somme fort peu d'isards, et les vend exclusivement à l'un des trois grands hôtels de Luchon, les hôtels Bonne-Maison, du Parc et Saccaron; hors de là point d'isard, c'est-à-dire point de véritable isard; mais les autres hôteliers de Luchon, se rappelant que les morts ne parlent pas, servent tous les jours au trop crédule voyageur de l'isard de chèvre, comme on sert à Paris du chevreuil de mouton.

L'ours, sans être un animal chimérique, est l'Alceste de la montagne. Depuis le dernier pavé que La Lontaine a lancé dans son jardin, il a tout à fait renoncé au commerce des hommes; il veut vivre libre et seul dans un endroit écarté ; dérangé, il grogne, met sa tête entre ses pattes, s'arrondit en boule et se laisse rouler au fond de quelque ravin; laissez-le faire, il ne reviendra pas; il est mal élevé, mais il n'est pas méchant; c'est un misanthrope renforcé qui déteste trop les hommes pour les manger, et qui ne s'y décide que lorsque, attaqué, poursuivi, traqué, blessé par eux, il éprouve le besoin de leur faire sentir leurs torts.

Nous n'avions donc pas à craindre pour la nuit de visites importunes, et comme les étoiles, apparaissant peu à peu entre les nuées, marquaient neuf heures à l'horloge du ciel, nous regagnâmes la chambre à coucher. M. Lange dormait tranquillement et profondément ; je pris sa main sans l'éveiller, il n'avait plus de fièvre ; cela nous donna bon espoir pour le lendemain, et nous nous étendîmes à ses côtés sur notre couche de branches, avec les selles de nos chevaux pour oreiller, nos manteaux pour édredons, les rochers pour rideaux, la voix du torrent pour berceuse et la lune pour lampe de nuit. Les guides devaient veiller tour à tour auprès du feu. Bajun me demanda ma montre qu'il suspendit à quelque aspérité du roc, afin d'avoir l'heure sous les yeux, puis il étendit une couverture sur nos pieds et nous souhaita le bonsoir : « N'oubliez pas de tirer les verrous, » dit quelqu'un. On s'endormit sur cette fine plaisanterie.

Je serais inexact si je disais que tout le monde dormit. Les guides, habitués dès l'enfance à l'existence capricieuse des montagnards, insensibles aux intempéries, mariés pour ainsi dire avec la montagne, trouvaient dans le lit qu'elle leur offrait le facile et calme sommeil de gens qui sont chez eux. Mais nous, pour qui tout était nouveau, nous dont l'esprit était encore moins surpris que le corps, nous ne trouvions pas le sommeil ; nous étions plongés dans un engourdissement fiévreux, un état intermédiaire entre le rêve et la veille, une sorte de somnambulisme intérieur qui transporte l'âme sur la limite fantastique du monde imaginaire et du monde réel.

Un exemple me fera mieux comprendre : j'avais placé, pour me garantir de la rosée de la nuit, mon chapeau de paille sur mon visage et j'allais m'assoupir, quand je fus réveillé en sursaut et complétement, à ce qu'il me semblait, par un coup terrible qui ébranla le sol et me fit croire qu'une partie de la montagne s'écroulait sur nous. J'entr'ouvris les yeux et j'aperçus, par-dessous mon chapeau, les jambes d'un des guides et l'extrémité chevelue d'un sapin, qui tombait lourdement dans le feu ; je compris aussitôt la cause du bruit qui m'avait effrayé, mais ce que je n'aurais pas dû comprendre, c'est que les jambes du guide se surmontèrent tour à tour de la tête et du corps de plusieurs de mes amis ; j'étais enchanté de les revoir et nullement surpris qu'ils fussent là.

Avant de me rendormir, je jetai un coup d'œil vers le ciel, c'est-à-dire vers le fond de mon chapeau et, prenant pour des étoiles les rayonnements du feu dans les interstices de la paille : « Allons, me dis-je, nous aurons un beau temps demain. »

Je ne raconterai pas toutes nos rêveries de

la nuit, quelque étranges qu'elles aient été; je tenais seulement à constater le caractère particulier du rêve *sub jove pyreneo.* Au fond d'une chambre bien close, le corps, enseveli dans ce profond sommeil que les anciens appelaient le frère de la mort, laisse l'imagination s'envoler rapidement au pays des chimères, mais, sous le ciel de la montagne, l'être humain, entouré, pressé, menacé par les forces vives de la nature, ne peut se dissocier ainsi; l'âme n'oublie pas longtemps ses devoirs, et le corps se tient prêt à répondre au premier signal de l'esprit.

Aussi, lorsqu'à deux heures du matin nos guides nous frappèrent sur l'épaule, nous fûmes debout à l'instant.

La lune resplendissait dans un ciel admirablement pur, et jetait sur les gorges de la Rencluse une clarté suffisante pour nous permettre d'en sortir et de commencer l'ascension.

IV

Ayant dormi tout habillés, la toilette est bientôt faite ; on se rafraîchit le visage et les mains dans l'eau glacée du torrent, on resserre sa ceinture, on saisit son bâton ferré, on partage un morceau de pain, on vide au succès du voyage un demi-verre de vin, — les guides n'en permettent pas davantage, — et l'on est prêt.

Il était deux heures et demie du matin quand nous sortîmes de la Rencluse, où ne restait que le montagnard chargé de garder les chevaux, les provisions et le feu.

Nous suivons d'abord la rive gauche de l'Esséra; mais, au bout de cent pas, nous traversons le torrent sur les pierres qui en encombrent le lit. Sur l'autre rive la montée commence. Assez douce d'abord, elle est formée de larges gradins couverts d'un gazon épais et semés de gros rochers; l'herbe devient plus rare à mesure que la pente se relève; les rocs épars se rapprochent, et bientôt, étouffant toute végétation, ils se touchent, s'amoncellent, gigantesque escalier dont les marches, disloquées et brisées, offrent tous les accidents des ruines. Au milieu de ces pointes, de ces arêtes, de ces surfaces inclinées de mille manières, éclairées par la trompeuse lumière de la lune et séparées par des angles pleins d'ombre, l'œil se fatigue, le pied hésite, le corps chancelle; il faut s'aider des mains, des genoux, des reins, de tout. Dans ce désordre, le bâton ferré gêne plus qu'il ne sert; on le tient comme on peut en évitant de crever les yeux du compagnon qui vous suit.

Quelquefois un bloc en équilibre s'ébranle sous votre poids, roule, et vous entraîne à quelques pieds; il faut en prévenir ceux qui sont plus bas, tout en surveillant ceux qui sont plus haut.

Ce passage est long, pénible; les muscles, encore engourdis, peu faits à ce genre d'effort, s'y refusent bientôt; le front est ruisselant, la poitrine haletante, et, si l'on s'arrête un instant, l'air aigre et vif de la nuit glace le corps et pénètre jusqu'au fond des poumons comme une lame d'acier. La Maladetta se défend contre ses envahisseurs, et cette première barrière est peut-être la plus rude à forcer.

Fatigués, nous avancions pourtant, mais M. Lange ne nous suivait que lentement, avec une peine extrême. On a besoin, pour ne pas reculer, de toutes ses forces physiques et morales, et la fièvre, qui venait de le reprendre et qui augmentait à chaque pas, paralysait sa vigueur et son courage. Il s'arrêtait de temps en temps pour reprendre haleine, et bientôt nous le perdîmes de vue. Malgré le froid, nous nous assîmes sur un rocher pour l'attendre, et nos guides hélèrent Barrau qui nous cria que M. Lange, à bout de forces, renonçait à nous suivre et se disposait à regagner la Rencluse. Quelque chagrinés que nous fussions de cette défection forcée, nous comprenions qu'il fallait plutôt l'encourager que la combattre; en face des difficultés qui nous restaient à vaincre (et dont nous ne soupçonnions pas encore toute l'étendue), entraîner un homme malade eût été plus qu'une imprudence. Aussi, sans hésiter davantage, nous lui jetons dans l'ombre nos condoléances et nos adieux, et nous reprenons avec une nouvelle ardeur notre course à travers la nuit.

Parfois les amas de rochers s'interrompaient; nous foulions alors quelques mètres d'une herbe drue qui nous reposait un peu; puis nous retombions dans des pierres, où nous n'avancions que lentement.

Depuis quelque temps déjà nous apercevions au-desssus de nous de larges étendues blanches : c'étaient les glaciers. Nous soupirions après eux, pensant trouver sur la neige un chemin plus facile qu'au milieu de ces roches bouleversées. Mais ils étaient loin encore ; on juge mal des distances au clair de lune.

Au premier amas de neige nous nous arrêtons pour respirer et pour délibérer.

Respirons d'abord, et jetons un coup d'œil sur le magique tableau qui nous entoure.

Tant que l'on monte, on ne s'occupe guère que du chemin; cela suffit à absorber toutes les facultés, mais, dès que l'on s'arrête, on éprouve à la fois des sensations vives et des impressions profondes.

Les sensations étaient produites par cet air libre et vierge des hauteurs qui, après avoir surpris nos poumons et ployé nos genoux, s'infusait largement dans nos veines, et, montant de notre cœur à notre cerveau, nous faisait ressentir plus vivement la grande impression de la nature.

Quel spectacle, et pourtant quelle simplicité! Trois grands acteurs, l'isolement, le silence et la nuit, remplissent la scène de leur triple mystère et semblent devoir tout anéantir autour de nous. Mais les lois du pays des aigles ne sont pas celles du pays des hommes; autres régions, autres phénomènes.

Le pied de la montagne est enveloppé de ténèbres profondes, et le feu de la Rencluse, envoyant jusqu'à nous ses lueurs amicales, rappelle seul qu'il existe encore un monde au-dessous de nous. Mais, au-dessus de nous, la nuit, déchirant ses voiles, étale ses myriades de feux, soleils d'univers sans nombre ; l'infini nous est ouvert; l'imagination en peuple les espaces, et jamais jour terrestre ne fut plus vivant que cette nuit. —Plus près de nous, la lune, dégagée de toute vapeur, et réduite dans ce ciel sans bornes à sa véritable importance, n'est plus la rivale des étoiles, mais un globe subalterne, une pierre ronde et pâle comme celles que nous foulons, une simple sentinelle du jour, qui, placée plus haut que nous, reflète et salue avant nous l'astre qu'une aube légère nous fait déjà pressentir à l'horizon.

Le silence est celui dont parle Gay-Lussac, et dont il fut épouvanté, lorsque, arrivé seul, dans son ballon, à la plus grande hauteur que l'homme ait jamais atteinte, à 8,000 mètres de la terre, il se vit entouré d'un calme si profond que, sans le globe qui roulait à ses pieds, il aurait eu la conscience du néant.

Ici le silence est sans horreur : il n'a rien de commun avec celui que nous connaissons. En bas, lorsque les bruits humains cessent autour de nous, le sentiment de la solitude et de l'abandon s'empare de nous et nous serre le cœur ; car la sourde agitation de la vie, troublant le silence à notre insu, nous empêche d'entendre autre chose. En haut, pas un cri, pas un chant, pas même un léger bruissement de la foule..... — Aussi, prêtez l'oreille, écoutez : — Là-bas les cristaux de la neige, agrégés par l'hiver, éclatent au souffle de l'été ; leurs atomes dissociés se rassemblent en diamants humides et roulent sur les flancs des rochers ; le flot du torrent creuse lentement son lit. La puissante racine du sapin s'insinue dans les fissures du roc et le brise. Là-haut le vent glisse sur les cimes et les polit en chantant ; et plus haut, beaucoup plus haut, dans les régions infinies où se perd la pensée, n'entendez-vous pas la sublime harmonie des mondes, tourbillonnant leurs spirales éternelles?...

L'isolement est profond, mais il est aussi plus apparent que réel. Que d'habitants autour de nous! Je ne parle pas des ours et des isards, ni même de ces blanches perdrix qui semblent se nourrir de neige, et qui s'envolent sous nos pas, ni même de ces légions d'insectes qui, secrets missionnaires de la vie, vont porter jusqu'au sommet des pics inaccessibles on ne sait quels germes mystérieux... — Je parle de cette armée de montagnes qui, grossissant avec l'aube naissante, étagent à l'horizon leurs têtes blanches ou noires, et se haussent les unes sur les autres, comme pour nous regarder passer : je parle de ce monde fantastique qui choisit, pour s'ébattre sur le gazon de la montagne, cette heure incertaine qui n'est pas encore le jour et qui n'est plus la nuit ; ce monde dont Horatio disait tout bas : « J'ai ouï dire que le coq, par sa voix éclatante et criarde, éveille le dieu du jour ; et qu'à ce signal, l'Esprit errant et vagabond, qu'il soit dans la mer ou dans le feu, dans l'air ou dans la terre, va se cacher dans sa prison. » — Certes, ces pentes, jetées entre la terre et le ciel, et se perdant dans de douteuses clartés, plus mystérieuses que la nuit, certes, ces degrés, entourés d'abîmes, doivent être aussi chers aux esprits que la plate-forme d'Elseneur. Le peuple des kelpies, des vampires, des fadettes et wilkis, s'y donne rendez-vous des quatre coins du monde. Appuyé contre une roche, les yeux à demi voilés par la rêverie, je croyais entendre un bruit de lourdes ailes et de chuchotements singuliers..... — Tout à coup, Bajun, se conformant à ma pensée, comme les coursiers d'Hippolyte, coupa les airs d'un sifflement aigu... pareil au signal que fait l'enchanteur Merlin, lorsqu'il veut que la danse des fées commence, et... la fête commença : — Je vis les gnomes sortir d'entre les rochers et présenter gravement aux vieilles sorcières leurs croupes velues pour fauteuils ; les nains organiser l'orchestre sur un glacier ; les farfadets courir çà et là d'un air empressé ; les vampires se grouper autour des tables de jeu, et les goules autour du buffet, tandis qu'un sylphe, en cravate blanche, ouvrait le bal avec une jeune Aspiole aux yeux baissés... — Je vis, ou plutôt j'aurais vu des choses encore plus merveilleuses, si la voix d'Argaro ne m'avait tiré de l'assoupissement extatique où me plongeait l'air hypervital de la montagne.

Argaro voulait s'assurer que nos compagnons avaient regagné la Rencluse sans encombre, et son cri, grossi par degrés et prolongé, suivant l'usage des montaguards, franchissait les abîmes et retentissait aussi loin que le cor de Roland; quelques instants après, un son affaibli, mais distinct, arrive jusqu'à nous : c'est Barrau qui répond à notre appel.

Ces voix avaient chassé les esprits de leur royaume et les vapeurs de mon cerveau.

Je pus donc écouter les guides qui délibéraient sur la route à prendre. Deux chemins s'offraient à nous : l'un, plus direct, conduit, à travers le glacier de la Maladette, jusqu'aux plus hautes crêtes du petit Portillon ; ces crêtes franchies, on monte en écharpe le glacier du Néthou jusqu'aux rochers qui terminent le pic. L'autre, inclinant sur la gauche, évite le premier glacier, traverse le petit Portillon dans le point où sa double arête se relève sous le nom de Malahita, puis aborde par le bas le glacier du Néthou.

Ce glacier, quoique incliné de 36 centimètres par mètre, puis de 40 centimètres et même de 48 centimètres près du sommet, est moins rapide que celui de la Maladetta. Or, la nuit avait été très-froide, la surface de la neige devait être dure et glissante comme une glace, et sur les terribles roideurs du glacier de la Maladette, le pied n'aurait aucune prise.

Le second chemin, beaucoup plus long, était donc le seul praticable, et, sans plus tarder, nous partons.

Nous ne tardons pas à rencontrer, au milieu des pierres, d'assez vastes amas de neige; une crevasse circulaire, de quelques pouces de large, sépare la neige du rocher. Il faut éviter ces fentes, où l'on se casserait la jambe très-aisément.

Les guides avaient raison : nous ne sommes qu'aux premières neiges, et déjà la surface en est si dure que nous ne pouvons nous soutenir, malgré nos bâtons ferrés, qu'en plaçant nos pieds dans les empreintes péniblement tracées par Argaro. Bajun nous suit, calant nos pieds, dans les endroits difficiles, avec le fer de son bâton.

Après ces neiges, d'autres rochers; après ces rochers, d'autres neiges; de temps en temps, quelques petits glaciers à surface verdâtre et raboteuse.

Enfin, nous arrivons au pied de la Malahita, et bientôt, escaladant ses pentes peu rapides, nous nous reposons sur la crête de l'espèce de cratère que forme le dédoublement de ses sommets.

Tout a changé d'aspect autour de nous; la nuit s'est dissipée, et, avec elle, un phénomène, que les guides connaissent, mais qu'ils n'expliquent pas : c'est une sorte d'éclair pâle qui, toutes les cinq ou dix minutes, scintille vivement et semble courir sur les flancs de la montagne. Electrique peut-être, il n'est certainement pas orageux, puisqu'à ce moment aucun brouillard ne voilait l'extrême pureté de l'atmosphère.

Mais déjà l'aurore apparaît à l'est, non comme une douteuse clarté, mais comme un grand éventail blanc, nettement dessiné dans le ciel.

Nous saluons ce premier rayon du jour, et, jetant les yeux à nos pieds pour voir ce qu'il nous révèle, nous demeurons frappés d'étonnement.

Il n'y a pas une heure, à la clarté de la lune, nous avions entrevu tout un monde de cimes, d'arêtes, de crêtes, de gorges, une armée de pics, un peuple de montagnes, et maintenant........ maintenant nous comprenons ce que dut éprouver Noé, lorsqu'au bout des quarante jours, ouvrant la fenêtre de l'arche et cherchant des yeux la terre ferme, il n'aperçut que la mer, la mer immense, et rien que la mer, autour de l'extrême sommet de l'Ararat.

Encore Noé devait-il se douter de quelque chose ; mais nous n'étions prévenus de rien. Nous ignorions que, depuis près d'une heure, nous avions dépassé la région des nuages, et que les vapeurs, s'élevant avec le matin, jetaient un voile épais entre la terre et nous.

Rien ne ressemble plus à la mer que ces flots de nuées vues de haut ; leur surface, perdant ses reliefs dans les demi-teintes de l'aurore, semble unie comme l'onde ; plus près, ses ondulations rappellent les vagues déferlant sur la grève ; à l'horizon, qu'elle coupe d'une ligne pure, elle emprunte au ciel le bleu sombre de l'Océan.

La comparaison, chose rare, est exacte ; l'illusion est complète. Aussi, comme nos guides n'avaient jamais vu la mer, nous leur dîmes : « Regardez ; et quelque jour, sur d'autres rochers, baignés par une autre immensité, vous reverrez les nuages dans la mer, comme nous retrouvons la mer dans les nuées. »

Après quelques instants d'admiration devant ce spectacle inattendu, nous descendons le versant opposé de la crête, et, contournant le fond du cirque, qui est un affreux précipice, nous en suivons les parois sur des rocs énormes, taillés avec une sorte de régularité. Nous atteignons bientôt la seconde crête, et, de là, nous embrassons d'un coup d'œil le chemin qui nous reste à parcourir.

Si nous suivons du regard la direction des crêtes que nous venons de traverser, nous apercevons au-dessus de nous les cimes de la Maladetta. Si nous regardons toujours en haut, mais plus à gauche, nous apercevons un autre sommet, c'est le pic de Néthou.

C'est le but de nos efforts; sa vue ranime notre courage. Un manteau de neige enveloppe ses flancs et nous appelle sur sa croupe éblouissante. « Il est tout près de nous; une balle irait y frapper les aigles qui l'habitent... — Enfin! » disons-nous, et nous passons, M. Vincent et moi, de la fatigue à l'enthousiasme.

Hélas! Argaro se tait et Bajun sourit; la vérité est que, sur cette neige candide où rien n'arrête le regard, et dans cet air limpide où rien ne trouble la vue, on juge très-mal des distances; que nous n'avons fait encore que la moitié du chemin et que la seconde moitié est beaucoup plus pénible que la première.

Pour supporter ce coup, nous cherchons des forces dans le bissac de Bajun, et, quittant la dernière ligne de rochers, nous abordons le glacier.

La neige est si dure que les clous de nos

souliers, y mordant à peine, n'y laissent qu'une légère empreinte. Nous glissons à chaque pas. Les guides, habitués, comme l'isard, à cet équilibre instable, avancent en nous maintenant d'une main dans une verticale nécessaire. Malgré cette aide, il nous serait impossible de mettre un pied devant l'autre, si la neige était complétement unie; mais sa surface, comme les sables des plages, est ridée de petites vagues où la pointe du pied s'accroche; c'est ainsi que l'on monte; on n'avance pas bien vite, mais on ne recule pas, et c'est beaucoup.

De temps en temps, la neige cesse et découvre le flanc du glacier; la glace, rugueuse et couverte d'une sorte de cendre, est un chemin sûr que le pied foule avec plaisir; mais ce plaisir dure peu.

Le jour croissait rapidement, et bientôt, malgré l'incommodité de la situation, nous tournons la tête pour regarder le soleil qui se lève au-dessus des nuages.

Les nuages avaient complétement changé d'aspect depuis que le jour était venu, ou plutôt ils avaient repris leur physionomie véritable et roulaient dans l'espace leurs sombres bosselures et leurs volutes argentées.

Ce n'était donc pas précisément sur les nuages, mais au milieu des nuages que le soleil se levait.

On a vu, dans une fonderie, le torrent du métal s'échapper en bouillonnant de la fournaise. Qu'on jette de l'eau sur la surface en feu!... à l'instant, des tourbillons de vapeur éclatent, remplissent l'air et se tordent autour de l'ardent lingot, qui les embrase de ses lueurs et semble se multiplier dans leurs flots.

Ici, la fonderie, c'est le ciel immense; la vapeur d'eau, c'est une tempête de nuages; le lingot, c'est l'astre-roi!... Rouge de braise, large et sans rayons, comme à son coucher, il paraît et disparaît tour à tour entre les nues, se reflétant mille fois sur leurs croupes ondoyantes, perçant leurs flancs, bondissant de l'une à l'autre, et transformant le vaste amas des nuages en un océan de feu...

Mais soudain, il se dégage du milieu des nuées... La pourpre se change en or, le feu se transforme en rayons, et, par-dessus les vapeurs argentées, par-dessus la neige étincelante des pics, au milieu de l'immuable éther, le disque éblouissant monte dans toute sa gloire!...

A l'est, le ciel, inondé des rayons du soleil, avait pris la teinte mate et pâle de la cendre bleue, mais, sur nos têtes, l'éther, indigo foncé, presque noir, était profond comme l'abîme, terrible comme un mystère!

Le ciel que nous connaissons, toujours rempli de vapeurs, même dans sa plus grande pureté, nous donne une image voilée, affaiblie de l'immensité; là, c'est l'immensité elle-même. On ose un instant la contempler face à face; on plonge un œil curieux dans ses profondeurs; mais bientôt le vertige s'empare de la pensée, le regard se trouble et se détourne épouvanté, comme si, tout au fond de l'espace, il avait entrevu l'infini.

En reportant les yeux sur la neige, nous constatons un phénomène curieux : l'ombre de notre corps, de nos bâtons, l'ombre même des inégalités de la neige, est d'un bleu céleste. Pourquoi ? — Nous laissons aux savants le soin d'expliquer ce point d'optique, et nous reprenons notre escalade.

Nous marchions depuis trois quarts d'heure environ, lorsque la pente, augmentant sans cesse, nous oblige à prendre le glacier de biais. Mais bientôt cette manœuvre ne suffit plus; il devient urgent de s'attacher les uns aux autres avec des cordes; l'approche des premières crevasses rend d'ailleurs cette précaution doublement nécessaire. On pratique à la corde, de trois mètres en trois mètres, des anneaux qui, maintenus par un nœud particulier, ne peuvent ni se resserrer ni s'élargir; chacun, passant dans un anneau, le fixe autour de sa taille et se tient prêt au départ, le pied gauche en avant, comme les conscrits; sur le signal du chef de file, le polype humain s'ébranle, avançant avec une régularité mécanique et mettant, les uns après les autres, ses huit pieds dans les mêmes empreintes. Grâce à ce moyen, aussi simple qu'ingénieux, on a la confiance de la chenille ou du mille-pattes. Un pied peut glisser sans inconvénient quand on en a beaucoup d'autres qui ne glissent pas; quand on n'en a que deux, c'est une autre question.

Cependant l'homme n'est jamais content de

son sort, et comme certaines des huit pattes faisaient de temps en temps de longues glissades sur la neige, nous disions : « Vous avez, Argaro, l'habileté de l'isard, et vous, Bajun, la solidité de l'ours gris ; pourtant il n'est si bon cheval qui ne bronche, et si le diable voulait qu'au moment où le pied nous manque, il manquât à l'un de vous, de sorte que le poids de nos trois personnes portât tout entier sur l'un de vous...

— Eh bien ! monsieur ?

— Pensez-vous, mon cher Argaro, que vous seriez de force à nous retenir ?

— Je ne le crois pas, monsieur.

— Alors, entraînés les uns par les autres, glissant sur la neige avec la rapidité de l'éclair, nous n'aurions aucune chance de nous arrêter ?

— Aucune, monsieur.

— Et, si nous n'étions pas engloutis en chemin par les crevasses que nous voyons là-bas, nous arriverions au bout du glacier, c'est-à-dire au bord d'un précipice où nous tomberions nécessairement?

— Nécessairement.

— Et nous serions perdus?

— Oh ! bien perdus... seulement...

— Seulement ?

— Cela n'arrive jamais, monsieur.

— Ah ! tant mieux, mon ami.»

La conversation abrége la route ; nous avons franchi la moitié du glacier. Hors d'haleine et ruisselants de sueur, nous nous arrêtons un instant. Nous mourons de soif; l'eau-de-vie ne nous désaltère pas, au contraire, et la neige nous tente horriblement; malgré les recommandations des guides, nous en dévorons à la dérobée. Nous profitons de ce repos pour nous entourer le visage de nos voiles; l'éclat du soleil, répercuté par les cristaux de la neige, fatigue et trouble la vue. Mais la bise nous glace ; il faut repartir.

Nous avons déjà contourné de larges crevasses dont les parois transparentes zèbrent la neige de bandes bleu foncé. D'autres coupent notre chemin. Pour les franchir, Argaro, qui marche en tête, se place sur le bord, fait rapprocher de lui M. Vincent, qui le suit, et s'élance, appuyé sur son bâton ferré ; puis, arrivé sur l'autre bord, il s'éloigne autant que le permet la corde. M. Vincent répète la même manœuvre pour Bajun, et Bajun pour moi. De cette façon, si l'un de nous glissait dans la crevasse, il serait retenu par les cordes et retiré par ses compagnons.

Quelquefois les crevasses sont recouvertes d'un pont de neige. Il faut l'œil exercé des guides pour le deviner ; quelques stries légères, une faible teinte bleuâtre, et souvent l'instinct seul avertissent du danger.

Larges et nombreuses aux deux tiers environ de la hauteur du glacier, elles diminuent bientôt de grandeur et de nombre, et disparaissent au moment où la pente se relève brusquement. La neige est saine désormais, mais tellement inclinée, qu'il faut décrire de longs zigzags pour gravir cette espèce de col.

Nous étions extrêmement fatigués. Ce sol fuyant sous le pied, cette pente augmentant sans cesse, ce but s'éloignant toujours, avaient épuisé nos forces et commençaient à lasser notre courage. On a le sang vif, avons-nous dit, sur ces hauteurs, et mon compère eut un instant d'exaspération ; mais ce ne fut qu'un éclair. Nous faisons un suprême effort et nous atteignons enfin l'extrémité du col et la tête du glacier.

Doucement arrondie, cette tête offre un accès facile ; en quelques minutes nous l'avons franchie, et si nous avons quitté avec joie les rochers pour la neige, nous quittons avec bonheur la neige pour les rochers.

Là, nous nous débarrassons de nos cordes et de nos bâtons, et nous commençons à gravir de pierre en pierre une arête extrêmement escarpée. Au milieu, je cesse d'avancer, battu de l'aile noire du découragement. Je ne suis pas irrité, mais triste ; incrusté sur une saillie de la roche, j'engage mes compagnons à poursuivre leur route : « Il ne serait pas juste qu'ils se privassent pour moi du prix de leurs efforts; qu'ils partent, ils me retrouveront là, mais je ne ferai pas un mètre de plus. »

En un instant, j'avais perdu la force, le courage, l'amour-propre et le sens commun.

Les guides connaissent cette maladie ; ils ne s'en émeuvent pas et la traitent par l'expectation.

Au bout de dix minutes, j'avais retrouvé la honte. Nous traversons quelques petits amas de glace brillants et ridés, et nous atteignons le Dôme. Cette cime est l'extrémité arrondie de la crête qui se termine au pic de Néthou ; mais, un peu moins élevée que le pic, elle n'est pas encore la dernière limite de l'ascension. Une image fera peut-être assez bien comprendre le passage qui nous reste à franchir.

Le Dôme est une grosse tour ; le pic est une tour plus grêle et plus haute de quelques pieds ; une muraille, décrivant le quart d'un cercle environ, réunit ces deux tours ; épaisse de quelques mètres en quittant la première, elle s'amincit à mesure qu'elle se rapproche de la seconde ; sa paroi gauche supporte les pentes effroyablement rapides du glacier oriental du Néthou ; sa paroi droite, absolument à pic, est un horrible précipice dominant les eaux noires du lac Coroné ; sa crête, usée par le temps, désagrégée par les hivers, ébréchée par la foudre, est une capricieuse dentelure jetée entre deux abîmes.

L'isard recule devant ce passage aérien ; les aigles seuls s'y posent ; on l'appelle : le Pont de Mahomet.

Cédons ici la parole à M. de Franqueville. Il n'a pas seulement tenté le premier cette route périlleuse ; il l'a décrite avec une vérité si saisissante, une si vivante expression, qu'on est heureux de lui rendre hommage en lui empruntant son récit.

« Nous hésitâmes un moment, je l'avoue, avant de nous engager sur cet étroit passage ; mais la vue de nos chasseurs, qui s'avançaient d'un pas aussi assuré que s'ils eussent été sur la grande route, nous engagea bientôt à les imiter. Pour nous frayer la marche, ils précipitaient dans l'abîme les quartiers de rocs peu solides. Ces fragments, frappant le rocher dans leur chute, semblaient l'ébranler jusque dans ses fondements; ils bondissaient avec violence et, rejaillissant sur le glacier, ils allaient s'engloutir dans le lac avec la rapidité et le retentissement de la foudre. Tel était pourtant le sort réservé à celui d'entre nous dont un vertige viendrait troubler la vue, ou dont le pied mal assuré glisserait sur le roc.

« Heureusement, aucun de ces accidents ne nous arriva. Nous avançâmes peu à peu, passant nos bras par-dessus l'arête, et nous soutenant avec notre bâton ferré. Nos pieds étaient posés sur les aspérités du rocher. Ainsi suspendus au-dessus d'un affreux précipice, nous n'avions qu'à baisser les yeux pour voir au-dessous de nous les eaux du lac de Coroné; tandis que, si nous eussions laissé échapper notre bâton, il eût été se perdre dans les crevasses du glacier de Néthou.

« Ainsi à cheval, pour ainsi dire, sur le sommet de la montagne, nous ne mîmes que quelques secondes pour franchir ce dangereux passage. Enfin, nous posâmes le pied sur le pic jusqu'alors vierge du pas de l'homme. Nous pouvions goûter sans restriction le plaisir d'avoir réussi à conduire à une heureuse fin une expédition si souvent tentée et toujours inutilement. »

Je n'ajouterai à ce récit que quelques détails plus circonstanciés sur les difficultés du passage. Il y en a trois principales : la première est une brèche de deux mètres, à pic, au fond de laquelle il faut descendre à reculons, littéralement suspendu sur l'abîme ; le vertige est d'ailleurs le seul danger réel, car les mains et les pieds trouvent dans les crevasses et les saillies des pierres de solides échelons. Le second obstacle est une grande pierre plate à cheval sur la crête et légèrement inclinée; il faut la contourner ou passer à quatre pattes par-dessus; je crois le second moyen préférable au premier. Enfin, une seconde brèche, moins profonde que la première, est franchie sans peine, et l'on est sur la cime du pic, où tout danger disparaît.

Nous étions au but ; notre joie était grande, mais, il faut l'avouer, elle était un peu troublée par l'extrême accablement que nous éprouvions. Aussi, peu préoccupés du spectacle qui nous environne, ne songeons-nous d'abord qu'à chercher un abri contre le vent et à réparer nos forces.

M. de Franqueville assigne une trentaine de mètres de longueur au sommet du pic de Néthou : dans ce sommet il comprend évidemment le Pont de Mahomet et le Dôme, qui en font bien réellement partie, puisque cette cime n'est autre chose qu'une arête étroite et longue, unissant le Dôme au pic. Mais la plate-forme elle-même du Néthou n'a pas plus de dix mètres de longueur ; elle en a quatre ou cinq de large dans sa partie plate, et six à huit, selon M. de Franqueville, si l'on comprend, et avec raison, dans cette surface, la dépression qu'elle présente à l'est, et que la nature semble avoir préparée tout exprès pour le voyageur.

En effet, les blocs de granit, confusément entassés, qui recouvrent ce sommet, forment, sur sa pente orientale, une sorte de nid, penché sur l'abîme. L'oiseau des *Mille et une Nuits*, l'Epiornis, ce gigantesque vautour des premiers âges, a dû quelque jour y déposer son œuf prodigieux.

Le fond de ce nid, abrité du vent et baigné du soleil, offre une température un peu supérieure à celle du plateau, qui est de deux à trois degrés en moyenne.

C'est là qu'installés sur des fauteuils de granit, nous ouvrons le sac aux provisions. Il est sept heures et demie et nous mourons de faim..

Dès les premiers instants du repas, j'éprouve ce que M. de Tchihatcheff avait ressenti pendant l'ascension, le mal de mer. Mais ce malaise se dissipe assez promptement pour que mes compagnons, très-occupés d'ailleurs, ne se soient aperçus de rien. L'appétit reparaît ; je répare le temps perdu. Les forces reviennent ; une douce chaleur circule dans nos membres et, pour boire à notre santé réciproque, nous préparons, avec la neige qui dort dans le creux du rocher, un sorbet au curaçao.

Ranimés au physique et au moral, nous jetons un coup d'œil autour de nous ou plutôt au-dessous de nous.

Sous nos pieds le glacier, couvert d'une neige éblouissante, pend aux parois du Néthou ; le soleil moire ce blanc manteau, irise les cristaux de glace, joue dans les veines d'azur et borde l'angle vif des crevasses d'un liséré de diamant.

Au nord, du seul côté accessible, la pente est relativement modérée; mais, à l'est, le glacier, arrondi vers son sommet, s'incurve tout à coup, tord ses reins, les sillonne de crevasses horribles [1], et précipite ses flancs verticaux au fond d'abîmes où le regard les abandonne épouvanté.

Bajun, sans se lever, pousse du pied l'une des assises de notre belvédère; le roc tombe d'aplomb sur la neige et descend d'abord à petits sauts comme un chamois; mais, en moins de temps qu'il n'en faut pour le dire, il arrive sur la croupe du glacier, la franchit en deux bonds avec la rapidité de l'éclair, et s'élance dans le vide comme un oiseau.

Des deux autres côtés, le Néthou, complétement à pic, est entouré de précipices vertigineux. Au sud, les sauvages profondeurs de

[1] Quelques-unes ont plus de trente pieds de large.

Malibienne; à l'ouest, la neige et le lac de Coroné.

Au loin la scène se divise en deux tableaux bien tranchés : du côté de la France on voit le ciel en haut, les nuages en bas; des nuages, rien que des nuages, couvrant les vallées, noyant les cimes, étranglant les pics et ne nous laissant apercevoir au-dessus d'eux que les cornes de Fourcanade et les pointes de las Moulieras, de Salenques et d'Esbarrans.

Du côté de l'Espagne, en haut toujours le ciel, mais, en bas, les montagnes, dressant autour de nous leurs arêtes sombres et déchirées, étageant leurs crêtes neigeuses, et dessinant à l'horizon les creuses vallées d'où les mille affluents de l'Ebre s'élancent en serpentant vers les plaines de l'Aragon.

Il y a des jours où les nuages couvrent l'un et l'autre côté des Pyrénées; ces jours-là on ne voit rien[1]; il y a d'autres jours, rares à la vérité, où le nord et le midi, l'est et l'ouest, n'offrent pas un nuage; ces jours-là, ce qu'on découvre du haut de la montagne est peut-être le plus magnifique spectacle que l'homme puisse contempler [2].

De l'occident à l'orient court la grande chaîne, hérissée de sommets sourcilleux; de chacun de ces sommets, comme de la tente d'un chef, s'étendent en rayonnant des lignes d'autres sommets : ce sont les chaînes secondaires; et de ces chaînes, décroissantes à mesure qu'elles s'enfoncent dans l'horizon, se détachent successivement d'autres chaînes qui, parallèles à la chaîne principale, courent au-devant les unes des autres, entre-croisent leurs digitations et découpent les vallées. Les

[1] Lorsque les nuages ne couvrent qu'un des deux côtés, ils cachent toujours le nord, c'est-à-dire la France.

[2] Nous avons eu ce spectacle, le surlendemain, du haut d'un autre pic.

vallées, étroites et sombres au pied des glaciers, s'élargissent et s'inondent de soleil à mesure qu'elles avancent vers la plaine où viennent mourir les dernières ondulations de la montagne.

De chaque glacier descend un torrent qui, devenu ruisseau dans la vallée, devient rivière dans la plaine.

Les rubans blancs des routes, les lignes d'azur des ruisseaux serpentent côte à côte jusqu'aux rivières qui arrosent les villes, jusqu'aux fleuves qui baignent les cités.

Les vapeurs de l'horizon cachent les mesquines agitations de la foule; la distance en étouffe les bruits.

Ces pics immobiles dans l'impassible azur, ces neiges immaculées, ces glaciers resplendissants, ces crêtes vertigineuses où la pensée chancelle, ces précipices où le regard frémit; les jeux étranges de la lumière et de l'ombre, la transparence de l'air, la pureté des lignes et leur éclat singulier, tout enfin, jusqu'à la grande voix du vent jaillissant des abîmes comme d'un orgue éternel, tel est le merveilleux tableau qui, du haut du mont Perdu, arrachait à Ramond un cri d'enthousiasme et lui apparaissait comme un monde surnaturel, une autre échelle de Jacob entre la terre et les cieux.

V

Il est temps de songer au retour. Le froid nous pénètre, nos membres sont engourdis, nos articulations douloureuses; hâtons-nous de partir.

En quittant l'étroite plate-forme du Néthou, nous y jetons un coup d'œil plus attentif : du côté de l'Espagne est une petite pyramide, haute de quatre à cinq pieds, que les guides de M. de Franqueville élevèrent en témoignage de leur succès.

A trois mètres environ de cette pyramide, et du côté de la France, des rochers superposés forment deux petites colonnes réunies par une barre de bois; c'est à cette barre qu'est attaché un thermomètre protégé par une plaque de zinc. On est prié de consulter le thermomètre et de noter son opinion sur la température; malheureusement l'instrument n'a pas de doctrine arrêtée, c'est un éclectique dont le mercure, divisé en plusieurs tronçons, marque le climat du Sénégal au sommet d'un glacier. Le petit monument renferme en outre, sous une de ses pierres, une boîte verte et, dans cette boîte, un registre où les voyageurs peuvent écrire leur nom ; c'est une galanterie de M. le maire de Luchon, qui a fait inscrire sur la première page les noms de MM. de Franqueville et de Tchihatcheff, et des premiers voyageurs qui les ont suivis; nous signons, à notre tour, et complétement en règle avec le pic , nous nous engageons de nouveau sur le Pont de Mahomet. Ce point délicat franchi, nous sommes bientôt sur le glacier; mais, au lieu de le prendre en écharpe, comme la première fois, nous le coupons en travers, afin de passer le Portillon au-dessous de la Malahita et d'aborder le glacier de la Maladette à son sommet. C'est le chemin que nous eussions pris en montant, si la neige avait été moins dure. Elle a maintenant le défaut contraire, et ce sol sans consistance est encore plus fatigant que la surface glissante de cette nuit.

Nous reprenons nos cordes et nos bâtons; les guides veulent marcher au pas gymnastique; nous les suivons tant bien que mal en trébuchant, mais, en franchissant le col, je glisse des deux pieds et je descends le glacier sur le dos... Dieu merci! la corde m'arrête, et nous repartons en riant. Un peu plus loin, M. Vincent plonge une jambe dans une crevasse; quelques pas au delà il tombe jusqu'à mi-corps dans une autre; on l'en tire, et, pendant une heure, nous continuons cet exercice diabolique. Nous ne rions plus, nous sommes exténués et nous demandons les rochers à grands cris. Enfin nous touchons au Portillon, où nous reprenons haleine. De l'autre côté nous retrouvons un petit glacier, puis d'autres rochers, et enfin le grand glacier de la Maladetta.

Lorsque la neige est molle, il est beaucoup plus facile de descendre un glacier suivant sa plus grande pente que de le traverser à mi-côte ; au moins les glissades ne se font pas en pure perte et les chutes même rapprochent du but. Argaro fait asseoir M. Vincent sur le bissac vide et l'entraîne rapidement. Bajun et moi nous descendons bras dessus bras dessous au pas de course, en enfonçant nos talons dans la neige. Ce serait fort amusant si l'on n'avait pas devant soi cette interminable pente blanche, que son étendue fait paraître plus rapide encore, et sur laquelle aucun obstacle, aucun relief ne s'oppose à la vitesse acquise.

Aussi, de temps en temps, à l'aide de mon bâton ferré, je ralentis la course, afin de constater que je ne suis pas une avalanche inerte abandonnée aux seules lois de la pesanteur.

Deux heures après notre départ du pic, nous touchons aux limites du glacier. Nous mettons une heure et demie à descendre les gradins herbus et rocailleux qui bordent le torrent de l'Esséra. L'extrême irrégularité du chemin, et surtout la fatigue, nous obligent à de fréquents repos. Il est onze heures trois quarts quand nous arrivons à la Rencluse.

L'ascension a duré cinq heures ; la descente environ trois heures et demie.

Nous sommes littéralement épuisés; à peine avons-nous la force de remonter en selle et de guider nos chevaux dans les âpres sentiers du retour; et pourtant, doucement abandonnés à leur allure, dans une demi-somnolence du corps et de la pensée, nous ressentons une sorte de joie intime, douce et profonde à la fois.

Nous n'avons cependant rien accompli d'extraordinaire.

Nous ne sommes plus au temps où la mythologie scandinave, entourant la Maladetta d'une terreur superstitieuse, plaçait au sommet du pic l'Olympe respecté du dieu Néthou.

Une des gloires de notre époque sera de n'avoir reculé devant aucun obstacle matériel.

Après Paccard et Jacques Balmat, Saussure, en 1785, atteint le sommet du mont Blanc (4,811 mètres).

M. de Humboldt, gravissant les plus hauts sommets du Mexique, s'élève à 4,620 mètres sur le Cotopaxi.

Les Andes, les montagnes Bleues de Java n'ont plus de mystères; le terrible Himalaya perd chaque jour les siens ; après V. Jacquemont, M. de Tchihatcheff, avide de cimes encore vierges, explore les sommets de l'Asie centrale, et, dans quelques jours peut-être, le pied de l'homme aura foulé le géant du globe, le formidable Tchamoulari (8,576 mètres).

Après l'audace, les tours de force :

Le 9 septembre 1859, six Anglais font en trente-six heures l'ascension du mont Blanc, et, deux jours après, un autre jeune Anglais, Lowry Jearrad, l'accomplit en vingt-trois heures.

Après les hommes, des femmes, des jeunes filles même ont posé leur pied mignon sur l'asile des vautours ; mais, sans parler de ces miracles dont les bras des guides font tous les frais, on peut dire aujourd'hui qu'aucune ascension n'est impossible à l'homme avec un jarret vigoureux, une tête solide, un temps favorable et des compagnons expérimentés.

Nous n'avons rien fait de plus que nos devanciers : pourquoi donc sommes-nous joyeux et presque triomphants ?

C'est que la vulgarité de l'entreprise n'a rien diminué que l'orgueil humain. C'est que la montagne, sous les pas qui la foulent, n'a rien perdu de sa majesté ; c'est que nous venons de mesurer la nature dans toute sa grandeur et qu'on n'aborde pas ses spectacles en vain.

Je ne parle pas de l'intérêt scientifique qui est immense, puisque l'ascension d'une haute montagne est le résumé d'un voyage au pôle et que, des prairies de la base du mont Blanc, par exemple, jusqu'aux glaces du sommet, on parcourt en quelques heures la série de climats, de flores, de faunes et de phénomènes physiques, physiologiques et météorologiques qui se succèdent dans le même ordre entre la France et la Laponie.

Je ne parle pas même de l'intérêt artistique, qui est peut-être trop grand, trop inattendu, trop en dehors des lois ordinaires pour fournir autre chose que des impressions.

Je parle de l'intérêt moral, de l'effet produit sur l'esprit et sur le cœur. Dans la fatigue du corps, dans le triomphe de la volonté sur la matière, la pensée surgit libre et pure ; dans la neige immaculée des hautes cimes, l'âme retrouve sa virginité ; dans ce grand abandon et dans ce grand silence, elle devient ce pur esprit qui montrait à un Descartes la base inébranlable de la philosophie.

En planant au-dessus des choses, on les juge à leur juste valeur; en voyant les hommes de loin, on recommence à les aimer.

Agitations mesquines, ambitions de pantins, désirs de malades, rêves de fous, tout s'adoucit, tout s'efface dans les vapeurs qui s'élèvent de la terre. Les passions même, les chagrins et les joies s'émoussent à ce niveau.

Si l'âme plie sous un secret fardeau ; si le cœur saigne de quelque plaie, si l'esprit est plein de doute ou la pensée pleine de mépris, allons respirer l'air des hauteurs ; de trop larges horizons nous sont ouverts pour que nous nous traînions dans les bas-fonds de la vie ; l'aigle prisonnier meurt, on lui rend la vie en lui ouvrant l'espace, et l'âme est comme l'aigle.

Antée, symbole de la pensée antique, reprenait ses forces en touchant la terre; aujourd'hui l'âme humaine, plus délicate ou plus fière, se retrempe à de plus hautes régions.

Luchon-Sarre, 1859-1860.

FIN.

www.ingramcontent.com/pod-product-compliance
Ingram Content Group UK Ltd.
Pitfield, Milton Keynes, MK11 3LW, UK
UKHW020333180726
13839UKWH00002B/685